맨발로 교육 3

맨발일기

맨발일기

권택환 지음

만인사

맨발로 내 몸에 쓰는 맨발일기

모두들 힘이 든다고 한다.

지금 우리는 코로나 19로 갖가지 어려움을 겪고 있다. 사스, 메르스를 경험하며 또 다른 감염병이 찾아올 것이라고 이미 예견을 했고 기회 있을 때마다 이 점에 대해 걱정을 하며 교육적인 해결 방법을 고민해 왔다.

교육자로서 미래 세대에게 전해 주어야할 것은 무엇이며 어떤 노력을 해야 하나? 면역력, 창의력, 자립심을 길러주는 것이 답이라고 생각되었다.

사는 것이 바쁘다고 잊고 지냈던 '몸'에 대해 다시 한번 관심을 가질 수밖에 없는 세상이 되었다. 내 몸은 내가 아니라 내 것이다. 내게 주어진 소중한 몸이 지금 상처받고 있다. 그래서 힘이 든다.

다행히도 나는 2013년부터 맨발걷기를 하고 있다. 내 몸은 내 것이므로 내 몸의 주인이 되려면 자연과 함께 하는 활동이 필요하다. 사람들은 묻는다.

"맨발로 맨땅을 걷는다고 뭐가 되겠어요?"

"그렇다고 세상이 바뀔까요?"

"맨발로 걷기만 한다고 교육이 될까요?"

된다. 믿기지 않는가. 맨발로 걷기를 해보시라.

나는 8년째 매일 맨발로 맨땅을 걷고 있다.

몸에 힘이 들어온다. 면역력이 길러진다. 면역력으로 당당해진 내 몸은 창의력을 발휘한다. 그리고 나는 자립하는 삶을 살아간다.

2020년, 코로나 19로 세상이 달라지고 있다. 면역력의 중요성은 더 절실해졌다. 내 몸의 면역력이 국가경쟁력이 되는 세상이 되었다.

힘이 든다. 힘든 상황에서도 맨발로 걸어보자. 걷다 보면 알게 된다. 힘듦이 내 몸에서 참된 힘이 되는 순간을 느낀다. '힘이 든다는 것'은 몸과 마음에 힘이 들어온다는 뜻이다. 나는 내 몸의 자연치유력을 믿는다. 그래서 내 몸을 믿고 꾸준히 걸었다. 그리고 나는 많은 것이 달라졌다. 행복해졌다.

『맨발일기』는 맨발로 걸으면서 쓴 소박한 이야기지만 맨발로 흙을 만나서 면역력, 창의력, 자립심을 갖게 된 생생한 체험의 기록이다.

맨발로 몸에 쓰는 『맨발일기』는 몸 속에 고스란히 남아 내 몸을 지켜내고 마음의 평화를 가져다준다. 그리고 나는 대한민국 맨발학교 교장이 되었다. 34년 교육자로 살아오면서 가장 잘한 일이 맨발학교를 만든 것이다. 요즘은 맨발걷기로 몸과 마음이 건강해졌다는 감사 인사를 자주 듣는다. 큰 보람을 느낀다.

『맨발학교』, 『맨발교실』에 이어 『맨발일기』 발간으로 '맨발로 교육시리즈' 3권이 완간되었다. 어려운 출판 여건에서도 기꺼이 출판에 힘을 기울여 주신 만인사 박진형 사장님께 머리 숙여 감사드린다.

또한 이 순간도 맨발로 맨땅을 함께 걷고 있는 맨발학교 학생들에게 고마운 마음을 전한다.

2020년 11월
대구교대 행복인성교육연구소에서
권 택 환

차례

| 프롤로그 |

맨발학교는 나의 꿈이다

교육부에 근무할 때 나의 스트레스 해소법은 맨발걷기였다. 그러나 교육부에서는 시간을 내는 것이 늘 힘들었다. 2013년 3월 1일. 교육부에서 대학으로 자리를 옮기면서 맨발걷기를 새롭게 시작하였다.

'흙길을 맨발로 걷는다는 것' 그것은 지금도 설렘이다. 하루 일과를 마치고 신발을 벗을 때마다 '오늘은 어떤 느낌으로 흙이 나에게 다가올까'하는 기대를 갖게 된다. 두 발에 닿는 흙의 느낌은 매일 다르다. 나에게 맨발걷기는 단순히 걷기운동이 아니다. 나를 만나고, 자연을 만나고, 과거와 미래를 만나며 삶을 디자인 하는 소중한 시간이다. 많은 사람들이 맨발걷기를 통해 자연과 하나 되는 삶을 살았으면 좋겠다는 꿈이 생겼고, 그 꿈이 이루어지는 날이 오기를 기다렸다.

2016년 10월 10일, 드디어 맨발걷기를 함께 실천하겠다는 사람들이 모였다. 3년 6개월 실험학교로 혼자였던 맨발학교가 '사이버 맨발학교'의 모습으로 세상에 나오게 되었다. 교육자로서 꿈꾸던 흙이 있는 학교문화 만들기에 적극적으로 뜻을 같이 하는 동료들을 만난 것은 하늘이 내게 준 선물이었다.

'사이버 맨발학교'는 맨발걷기 인증사진을 '맨발 단체카톡방'에 올리는 것으로 시작되었다. 학교 운동장이나 근처 공원을 맨발로 걷고 나서 공유되는 인증사진과 맨발걷기 소감은 우리의 역사가 되었다. 그래서 기록을 시작했다. '맨발 단체 카톡방'에 올라온 맨발 사진, 맨발걷기 이야기는 하루도 빠짐없이 정리되었다.

2017년 10월, 맨발학교 1년의 기록인 '맨발학교 일기'는 400여 쪽의 책으로 나왔다. 『맨발로 걸었더니』라는 제목의 이 책 속에는 맨발걷기를 경험한 회원들의 글과 사진으로 가득했다. 감동과 기쁨의 역사였다. 비록 세상에 발표하지 않고 회원들끼리 나누어 가진 100여 부의 인쇄본에 지나지 않았지만 그 기록은 소중했다. 그 책에는 맨발걷기가 '홍익 교육문화운동'으로 성장하리라는 희망이 함께 있었다. 나는 그 책을 맨발학교의 귀한 역사로 소중하게 간직하고 있다.

오랜만에 『맨발로 걸었더니』를 꺼내 다시 읽는다. 책장을 넘기니 맨발학교를 만들고 첫발을 내딛는 행복한 내 모습이 보인다. 기록의 힘은 위대하다. 잊고 지냈던 맨발걷기의 설렘과 감동이 다시 느껴진다. 코로나 19로 힘든 일상이어서 그 글들이 더 마음에 와 닿는다.

'그래, 이 글이 힘든 사람에게 위로와 힘이 될 수 있겠구나!' 맨발학교 1년의 기록 속에 담겨 있는 나의 마음을 모아 『맨발일기』를 펴내기로 하였다.

맨발학교는 나에게 꿈의 학교이다. 맨발학교와 함께 한 지난 시간은 좋은 사람들과 좋은 꿈을 꾼 순간들이었다. 앞으로도 그 꿈은 계속될 것이다.

코로나 19로 힘들어 하는 사람들에게 나의 맨발걷기 경험이 도움이 되면 좋겠다. '맨발걷기'를 통해 몸과 마음의 건강을 회복하고 싶은 이들에게 용기를 줄 수 있으면 좋겠다. 이 책을 만나 단 한 사람이라도 신발을 벗고 맨발로 흙길을 걸을 수 있기를 기대한다.

맨발학교가 사람들에게 자연치유력을 회복하여 몸과 마음이 건강한 사람으로 살아가는 데 도움이 되리라 믿는다. 맨발학교의 교훈이 널리 실천되는 날을 기다린다.

진리는 단순하고 실력은 꾸준함에서 나온다.

작고 단순한 것도 꾸준히 하는 사람이 행복을 잡는다.

2016년 가을

홍익 맨발학교 시작하다

『맨발일기』는

맨발걷기 체험에 대한

맨발방 카톡에서

회원들과 주고 받은 글에서

나의 글을 가려 뽑았습니다.

또한 카톡방에 올라온 사진을

다수 사용하였음을 밝혀둡니다.

수레국화

청보랏빛 꽃잎에
한없이 서 있었네

보고 싶어
보고 싶어
눈물만 훔쳐내고

돌아서며
작은 팻말
스쳐 보니

네가 바로
수레국화였구나

수레 타고 가고 싶다
내 임에게로.

—권택환 시집 『싸리꽃 앞에서』

2016년 10월 10일

저녁을 먹고
남대구초에서 첫 맨발걷기 모임을 가졌다.
모임의 방향을 의논하였다.

교정의 단군상 앞에서 사진 한 장을 찍었다.

역사의 한 페이지가 되리라.

2016년 10월 19일

아침 걷기가 사실 더 좋습니다.
우리가 시간이 없어서 저녁에 걷지만
가능하면 새벽이 더 좋습니다.

발바닥이 아프면
모래걷기를 해 보세요.
발가락 사이까지 모래가 올라와
초보자들도 쉽게 걸을 수 있습니다.
손톱으로 목 뒤쪽 쏙 들어간 부분을
꾹꾹 눌러주면서 걸으시면
더욱 좋습니다.
파이팅!

2016년 10월 30일

땅이 차가우면
우선 자신 안에 있는
감정이 올라옵니다.
바라보고 그냥 걸어 보세요.
약 20분 정도 걸으시면
그 또한 지나가고
몸도 마음도 좋아집니다.

몸은 첫 경험에 놀라지만
성취의 기쁨을 맛볼 수 있습니다.
맨발걷기 뒤 반드시 찬물에 씻으세요.

2016년 10월 31일

동상 걱정하시지 마세요.
있던 동상도 사라집니다.
오늘 하신 분들은
겨울 맨발걷기를 하실 수 있습니다.

2016년 11월 2일

최근 3일을 맨발로 걸으신 분들은
겨울 맨발걷기도 아무 걱정 없습니다.
겨울에도 오늘보다 더 포근한 날이 많습니다.
저도 걷고 있습니다.

정말 대단들 하십니다.
주위에서 동상 걱정하는 말을 들으면
그 정보에 꺾이어 포기하게 되는데
대단하십니다. 감동입니다.

2016년 11월 4일

겨울에 맨발걷기를
처음하시는 분들은 겨울 낮이 좋습니다.
내 마음이 편한 시간에 하는 것이 좋습니다.
매일하면 좋고, 상황이 안 되면
일주일에 3~4회 정도 틈틈이 하면 됩니다.

석 달 열흘, 즉 100일은 해야 몸의 컨디션이 좋아진다는 것을 느끼게 됩니다. 세상에 가짜는 있어도 공짜는 없다는 생각으로 꾸준히 해보시기 바랍니다.

2016년 11월 9일

김선생님,

머리가 시원하고 몸이 더 좋아지셨겠네요.

시작 3일인 오늘 아침에 차가운 땅을 걸었다면

못할 게 없겠네요.

자신에게 칭찬 많이 해주세요.

지금처럼 부부가 같이 하면 공명이 일어나 훨씬 재미있고 꾸준히 실천하기 쉽습니다.

세상에서 가장 정직한 게 내 몸이지요.

오늘 아침에 걸었다는 것은 '동상 걸리면 어떡하지'하는 나의 걱정과 한계를 넘었기 때문에 이루 말할 수 없는 성취감과 감동이 함께 옵니다.

운동 시작 3일 초보자가 아시안게임에서 금메달을 따왔네요.

축하드립니다.

2016년 11월 10일

겨울 맨발걷기는 덥다 싶을 정도로
두 겹, 세 겹 옷을 껴입고
장갑과 목도리도 하고, 발만 내놓고 하면 됩니다.
팔을 움직여 열이 나도록 하면
몸의 열이 발로 내려가면
더 쉽게 맨발걷기를 할 수 있습니다.

2016년 11월 12일

앞으로는 자연지능이
더욱 필요한 시대가 옵니다.
맨발걷기로 자연지능의
토양을 잘 가꾸시기 바랍니다.

아이들의 뇌는
몸으로 깨우는 것이
가장 좋습니다.

2016년 11월 21일

도랑 치고
가재 잡고
돈 줍고 과자 사서
나눠 먹고
칭찬 듣는
1석 5조

맨발걷기

2016년 11월 23일

모든 것이 마음이지요.
마음 먹으면 생각보다 포근합니다.
맨발걷기에 세상의 이치가 담겨 있습니다.
100일 동안 자신을 아낌없이 사랑하고
최우선으로 대해 보세요.
100일 뒤 내 몸은 감동받아
나에게 충성 약속을 할 것입니다.

내 몸은 내가 아니라 내 것입니다.

2016년 11월 26일

몸은 최대한 따뜻하게 하고 눈 위에서 맨발로 1시간 걸었습니다. 20분은 좀 시렵더니 계속 걸으니 솜털 같네요.

정신력이 아니고 누구나 할 수 있습니다.

우리는 미리 겁먹거나 안하기 때문에 못하는 것입니다. 안하니까 못하고, 못하니까 안하고를 계속 되풀이하지요.

맨발걷기를 하다보면 생기는 묘한 쾌감은 엔돌핀, 세로토닌 등 행복 호르몬이 분비되기 때문입니다. 행복은 나 자신이 나에게 내준 숙제를 잘 했을 때 오는 것입니다.

처음 습관을 들일 때는 꾸준히 해야 몸이 바뀝니다. 이것을 몸뇌라고 합니다.

2016년 12월 10일

발이 얼었다면 콩에 발을 담궈 보세요.
얼음지구에서 맨 먼저 콩이 나왔듯이
콩은 땅의 냉기를 먹고 자라고
발의 냉기도 잡아갑니다.
한자 클태(太)가 콩태도 됩니다.
그래서 '태초'라는 말도 나왔습니다.
태평성대(太平聖代)는 콩을 공평하게
잘 나눠 먹어야 된다는 뜻이기도 합니다.

겨울 맨발걷기를 할 때는
몸을 따뜻하게 하세요.
위, 아래 모두 덥다 싶을 정도로
몇 겹씩 옷을 껴입고요.
더 추워지면 장갑과 모자도 하고,
눈과 발만 내놓으면 됩니다.
겨울에는 양말을 신고 걸어도 됩니다.

겨울 맨발걷기가 몸에 좋습니다.
집에 가서 거울을 보면 알 수 있습니다.

2016년 12월 14일

눈 오면
남들은 연인을 만난다는데
우리는 운동장에서
멘발을 만나요.

눈을 만나러
흙 위에 나가면 됩니다.
조만간 눈이 오면
번개팅 한 번 해요.

2016년 12월 15일

맨발걷기를
하루 두 번 하시면
몸이 감동 받습니다.
그리고 몸이 주인님께
충성 맹세를 합니다.

지금 이 모임은 미약하지만
세상을 바꿀 수 있습니다.
맨발걷기 파이팅!

2016년 12월 16일

부모님이 말로 가르치는 것보다 꾸준히 노력하는 모습을 보여주는 것이 최고의 가르침입니다.

어떤 사람은 좋은 인성 프로그램이 없다고 탓합니다.

저는 그렇게 보지 않습니다. 너무 많은 게 문제입니다.

선생님들도 이것저것 너무 많은 시도를 하는 것이 문제이고, 경영자도 이것저것 너무 많은 것을 학교에 적용하려는 게 문제입니다.

진리는 단순하고 실력은 꾸준함에서 나옵니다.

작지만 꾸준히 하면 몸과 마음이 바뀝니다.

나도 바뀌고 세상도 바뀝니다.

2016년 12월 17일

내가 진정으로
나에게 감동하면
주위를 감동시킬 수 있습니다.

자신에게
감동 받는 것,
그것은 모든 교육의 시작입니다.

2016년 12월 20일

우리는 미리 겁 먹고
해보지 않은 일들이 너무 많습니다.
눈물나게 안타깝습니다.
아이들도 그러합니다.
어젯밤 12시에 비 오는 땅에
발을 담글 수 있었다는
소식에 반가웠습니다.
30분이나 젖은 겨울밤
맨땅을 걸으시고 포근하게 느끼셨네요.

함장학사님의 나눔이
그대로 전해집니다.
첫 발령지 남해에서
모심기 봉사활동 때의
그 감촉이었다니 놀랍습니다.
파이팅하세요.

2016년 12월 21일

자신이 큰 산인데
스스로 안개를 가려
그 가치를 모르는 법이죠.

우리 모두
앞산이요
큰 산이요
히말라야산입니다.

인시(寅時)에 일어나서 걷고 있습니다.
오늘 새벽 땅은 폭폭하고 좋습니다.
한 해가 저물어 가고 있습니다.

자신을 사랑하는 사람이
타인도 존중합니다.
내가 가치 있듯이
누구나 다 그러하기 때문입니다.
자신을 위한 선택
오늘도 땅과 같이 낮은 자세로
감사한 하루를 시작합니다.

2016년 12월 22일

진리는 단순하고
실력은 꾸준함에서 나옵니다.
작고 단순한 것도
꾸준히 하는 사람이
행복을 잡습니다.

자신을 한없이 사랑하시는
맨발학교 회원님들,
2017년 봄은 그냥 봄이 아닌,
새로운 봄으로 다가올 겁니다.

2016년 12월 25일

맨발로 걸으면서 이 방 모든 분들에게 내년 한 해도 좋은 일들이 있기를 정성 들여 마음을 보냅니다.

문득 하늘을 보니 하늘은 푸르고 새들이 노래하고 있네요.

사랑합니다.

2016년 12월 31일

몸은 최대한 따뜻하게 하고, 발바닥만 노출합니다.

맨발걷기를 처음 시작하면 어떤 이는 무릎이 아프고, 어떤 이는 발바닥이 따갑고, 어떤 이는 손저림, 어떤 이는 허리가 아프기도 합니다. 모든 사람이 다르게 나타납니다.

발이 찔릴까 용을 써서 그럴 수도 있고, 평소 무릎이 안 좋아서 먼저 반응을 보이기도 합니다.

학교 모래밭을 편안하게 걷다가, 운동장 흙 위를 걷다가 나눠서 왔다갔다 걷다보면 저절로 좋아집니다.

다음에 눈이 오면 같이 함께 걸어 봅시다.
우리가 미리 겁 먹고 안하고 있는 게
많다는 것을 체험해 봅시다.

2017년 겨울

맨발로 세상을 품다

한 꽃송이

밤에도
꽃이 피는구나.

간절한
아침 햇살이

새벽도 오기 전에
온 마음을 다해 비추니

정성으로 피는구나.

캄캄한 어둠에도
찬란하게 피는구나.

—권택환 시집 『싸리꽃 앞에서』

2017년 1월 7일

겨울 맨발걷기는
더욱 효과가 있고
겨울을 한번 넘긴 사람은
맨발걷기의 진수를 알게 됩니다.

2017년 1월 10일

배선생님, 첫날 대단하십니다.

맨발걷기는 강제로 우리 몸의 기혈을 돌립니다.

겨울 맨발걷기는 그래서 더욱 효과가 있습니다.

권선생님, 구선생님 3일차 축하합니다.

3일이 고비고, 21일이 고비고, 100일이 고비고, 365일이 고비입니다.

자신만의 아리랑고개를 모두 잘 넘기시고 나를 사랑하는 기쁨을 즐기시길 바랍니다.

2017년 1월 12일

오늘 30년 전 제자가 40대가 되어 찾아왔습니다.

1988년 2년차 교사일 때 소풍 간 불국사 앞에서 찍은 사진을 봅니다. 풋풋한 시절이었습니다.

제자들과 맨발걷기 카톡방을 만들기로 하였습니다.

2017년 1월 15일

박교수! 카톡 보고 나도 마당에 나왔소.

같이 맨발걷기 합시다. 1시간 30분 걷고 하늘을 보니 푸르네요.

허허공공(虛虛空空) 무부재무불용(無不在無不用)이니라.

2017년 1월 16일

구선생님, 훌륭하십니다.

올 봄 흙에서 생기가 돋아나는 것을 처음으로 경험하시게 될 겁니다.

이 겨울 맨발걷기를 꾸준히 하신 분들은 봄이 되면 겨울눈에서 싹이 터듯이 몸에서도 생기가 돋아납니다.

2017년 1월 17일

내 몸이 나라고 생각하면 몸이 시키는 대로 합니다.

내 몸은 내 것이라고 생각하면 내가 정성들인 대로 몸이 따라옵니다.

몸이 나를 끌고 다니면 안 되고 내가 몸을 데리고 다녀야 합니다.

500억짜리 도자기보다 더 귀한 내 몸을 닦고 또 쳐다보고 감탄하고 사랑하면 내 몸은 감동받습니다.

맨발걷기를 하면서 자신의 몸과 대화해 보세요.

안 좋은 곳이 느껴지면 그동안 고생했다고 칭찬해주고, 안아주고 인정해주세요.

그럼 감동 받아서 가출하려고 마음 먹다가 다시 돌아옵니다.

2017년 1월 18일

맨발걷기 하나만 꾸준히 했는데
《이 달의 인물》 잡지사에서 취재를 하고 갔어요.
참 웃기지요.
맨발걷기 하나만 했을 뿐인데요.

2017년 1월 19일

맨발걷기를 하다보면
체력도 생기고

해야 할 일을
미루지 않고
제때하게 되는
심력도 생기고

뇌감각도 깨어나
뇌력도 생깁니다.

2017년 1월 20일

맨발걷기해서 힘이 나면 어떤 일에도 용기가 생기고 일머리도 트입니다. 전문용어로 '정충(精充, 힘이 충만)', '기장(氣壯, 기운이 장해짐)', '신명(神明, 정신이 환해짐)'입니다.

하늘이 두 쪽 나도 순서는 반드시 정충, 기장, 신명입니다. 지·덕·체 중 가장 먼저 할 것은 체입니다. 지·덕·체보다 체·덕·지가 더 적합한 말이죠. 그래서 정기신(精氣神)을 줄여서 정신(精神)이라고 합니다. '정신 차려'라는 말은 있지만 '신정 차려' 이렇게는 말하지는 않습니다.

나를 지극히 사랑하는 맨발방입니다. 이 방에는 맨발 고수, 맨발 영재, 맨발 천사, 맨발 장학생 등이 많이 계십니다. 저절로 공명이 됩니다.

마당에 눈이 많이 왔네요.

2017년 1월 22일

'노세 노세 젊어서 노세~'

'놓으세 놓으세 젊어서 놓으세~'
젊어서 놓길 바랍니다.
늙어지면 절대 못 놓지요.
굳어지기 전에 놓기 바랍니다.

눈이 내린 곳에서 맨발걷기를 할 때 발등에 눈이 올라가면 훨씬 차갑습니다. 발등에 가급적 눈을 올리지 마시고, 눈과 대화하면서 천천이 걸어보세요.

2017년 1월 23일

'자기주도적 학습'

'자기주도적 행복'

이 말은 오늘

「인성영재 교육의 실제와 전망」 국회 포럼에서

제가 참석한 분들에게 들려준 말입니다.

2017년 1월 25일

남선생님,

맨발걷기 50일째, 오래 전부터

차 멀리로 고생하다가 멀미 걱정없이

해외여행을 다녀 오셨다는

소식은 무척 반갑습니다.

맨발걷기는 장을 튼튼하게 해주고

건강해진 장은 머리를 맑게 해줍니다.

꾸준하게 하시더니 효과를 보셨네요.

축하합니다.

2017년 1월 27일

서쪽 하늘 샛별 금성이 어찌나 반짝이는지요.
올 한해도 홀로 반짝이는 샛별처럼 늘 반짝이는
자신에게 큰 칭찬해 주세요.
새해 복 많이 받으세요.

2017년 1월 29일

행복은 막연히 오는 것이 아니라
인고의 시간이 필요하다고 했습니다.
맨발걷기로 겨울을 넘기신 분들은
봄이 오면 그 이치를
몸으로 느끼실 것입니다.

2017년 1월 31일

동상이 염려되면 찬물로 발 씻으시고
노란 콩에 두 발을 담그시면 됩니다.
맨발걷기 후 반드시 찬물로 씻고, 공기로 발을 녹입니다.
바로 따뜻한 곳에 발을 딛지 않도록 하십니다.

내일 저녁은 달, 화성, 금성을 한꺼번에 볼 수 있습니다.
맨발걷기하면서 흙, 달, 화성, 금성 기운을 받으시기 바랍니다.

내일 수성못이나 봉무공원에서 달, 화성, 금성을 보면서 맨발걷기를 해 보세요. 일월화수목금토, 우주의 기운을 한꺼번에 느낄 수 있을 겁니다.

2017년 2월 4일

눈을 여기저기 정복하듯이 밟지 말고
눈과 조용히 대화하면서 걷다보면
눈 오는 날 맨발걷기도 가능합니다.

2017년 2월 6일

봄기운이 나네요.
겨울을 지낸 분들은
봄의 생동감을 발바닥으로
느끼실 수 있습니다.

2017년 2월 14일

100일, 스스로 감동받는 날입니다.
이 겨울 100일을 넘어 왔다니 대단하십니다.
그래서 맨발걷기는 단순히 맨발걷기만 아닙니다.
최선생님, 축하드립니다.

2017년 2월 15일

걸으면
머리가 맑아지고
도인이 됩니다.

도를 깨우치면
도깨비

헛것을 깨우치면
헛깨비

맨발걷기로
도깨비가 됩시다.

2017년 2월 16일

봄, 맨발걷기 맛은
겨울 맨발걷기를 했기 때문에 다른 맛이 있어요.
겨울을 안 한 사람은
봄 맨발걷기 맛을 깊숙이 못 느껴요.
겨울 지난 냉이가 억수로 맛있지요.
생애 첫봄을 느끼실 겁니다.

2017년 2월 18일

예수님처럼 훌륭한 분도
온갖 욕 먹고 모함 받고
죽임을 당하셨습니다.

누가 비난해도
오해를 해도
그것에 끌려다니지 말고

자기주도적으로
행복을 잡고
그냥 걸어갑시다.

미운 것도 내려놓고
예쁜 것도 내려놓으면
나의 저울이
'0점'을 회복합니다.
이것이 맨발걷기의 의미이지요.

마당에 벌써
돌나물이 올라왔네요.

2017년 3월 3일

오늘은 저에게 뜻 깊은 날입니다.

뇌졸중으로 고생하시는 어머니께서 드디어 앉아서 맨발수련 처음하신 날입니다. 어머니는 앉아 계시는 것도 어지러움으로 힘드신 분입니다. 누워 계시면 제가 비닐봉지에 얼음을 넣어 문질러 드렸습니다.

이것은 맨발걷기의 효과와 비슷합니다. 누워서 맨발걷기에 성공한 저의 어머니는 오늘은 앉아서 30분 얼음물 맨발수련을 하셨습니다. 감격의 눈물이 나왔습니다. 이제 곧 흙길 맨발걷기를 하시게 되겠지요.

2017년 3월 3일

처음 저 혼자 맨발걷기하다가 5명이 되는데 3년이 걸렸는데 지금 보니 회원 88명이네요.

대부분은 주어진 시간을 살아가는데 우리들은 내가 선택한 1시간이 있습니다. 내가 선택한 1시간이 모이면 기적이 창조됩니다.

오늘은 새벽 맨발걷를 했더니 더 상쾌하네요.

2017년 3월 6일

맨발학교 역사인
『맨발로 걸었더니』 창간호
첫 편집회의 마쳤습니다.
발 하나로 신나게 이야기하고
실컷 웃고
한 시간 걸었습니다.
이런 게 천당인 것 같습니다.

2017년 3월 9일

박선생님, 오늘은 일정이 바쁜데도 틈새 20분 맨발걷기를 하셨네요. 뇌는 200분으로 저장합니다. 몸과 뇌는 서로 연결되어 있기 때문에 틈새 20분을 몸과 뇌는 감동으로 칭찬해 줍니다.

이 바쁜 3월에 시간이 나서 맨발걷기 하려하면 못합니다.

내가 선택하면 시간은 어디선가 나옵니다.

이 바쁜 세상에 좋은 일이 생겨야만 행복하다면 우리는 주어지는 행복을 기다리게 됩니다.

내가 행복을 선택한다면 좋은 일은 어디선가 다가옵니다.

틈을 내어서 꾸준히 맨발걷기를 선택하다 보면 자신이 행복을 선택하고 있음을 어느 날 문득 번개 치듯 느끼실 겁니다.

2017년 3월 15일

오로지 자신을 위한 맨발걷기.

이 봄 선생님은 생애 새로운 봄을 만나셨네요.

바쁜 와중에도 맨발걷기를 하셨군요. 와중(渦中)에는 '소용돌이 중'이라는 뜻입니다.

신학기 소용돌이 속에 나의 건강을 선택하신 선생님 파이팅!

부탁할 일이 있으면 바쁜 사람에게 하라고 했습니다.

바쁜 사람은 그 와중에 또 해냅니다.

시간이 넉넉할 것 같은 사람에게 부탁하면 미루고 미룹니다.

신입회원 백선생님,

아침 맨발걷기 실천 감동입니다.

2017년 봄

발은 곧 뇌입니다

생일 선물

팔순 아버지
새벽 미사 가시고

편찮으신 어머니
아버지 몰래
손에 쥐어 준 용돈 삼만원

내 방에 와서 펴 보니

“생일날
와이셔츠 사 입어라.”

신문지에 쓴
삐뚤삐뚤 글씨가
나를 울린다.

—권택환 시집 『싸리꽃 앞에서』

2017년 4월 1일

아이들이 자발적으로
맨발로 걷게 하는 선생님,
아이들 발등에서 번쩍번쩍
대한민국 미래가 보이네요.

맨발걷기하면 뇌가 자극되어
까마득히 잊혀졌던 기억이 되살아납니다.
시냅스가 연결되어 아이디어가
떠오르게 됩니다.

2017년 4월 4일

오로지 자신을 사랑하는 맨발걷기.
오늘도
내가 가치 있다고 생각하는 것, 홍(弘)
그 가치를 나누는 것, 익(益)
홍익(弘益)을 실천하는
하루가 되세요.

2017년 4월 6일

촉촉한 땅 위의 맨발걷기는 효과가 더 좋습니다.

맨발걷기할 때 발바닥이 아프다면 나의 몸이 건강하지 않다는 뜻입니다.

발이 아프면 짧게 맨발걷기를 하다가 시간을 조금씩 늘여 가시면 됩니다.

2017년 4월 26일

물방울이 바위를 뚫는 것은
물방울의 힘이 아니고
자주 떨어짐의 힘입니다.

2017년 5월 4일

아침 맨발걷기는 아르메니아꽃과

낮에 맨발로
고추농사 짓고

저녁밥 먹고
걷고 있습니다.

삼시 세발.

2017년 5월 5일

맨발로 등산을
자주하면
피부가 좋아지고
자꾸 예뻐져서
가끔 주위의
시샘을 받는 부작용이
나타나기도 합니다.

2017년 5월 6일

진리는
공기와 햇빛과 물처럼
항상 가까운 곳에 있습니다.

너무 흔해서
귀한 줄을 모르죠.

2017년 5월 17일

발을 자극하면
뇌가 자극됩니다.
맨발교육은
두뇌교육입니다.

내 몸에 자연치유 능력이 있습니다.
누구나 다 있습니다.
맨발걷기로 자연치유력, 면역력이 회복됩니다.

2017년 5월 18일

맨발걷기를 하면
수승화강(水升火降)이 됩니다.
그래서 모든 것이
제자리를 찾는 것입니다.
우리 몸은 스스로
항상성을 찾아가려고 합니다.
내 몸이 0점을 찾아가는 것이지요.
좌우가 안 맞고 한쪽 발에 열이 나면
우리 몸은 물을 보내어 열을 내립니다.
그리고 계속 균형을 맞춰줍니다.

2017년 6월 19일

맨발학교는

1교시 긍정, 2교시 감사, 3교시 감동, 4교시 홍익, 즐거운 식사시간. 5~7교시 개운(開運), 행운(幸運), 천운(天運)까지 함께하는 천상의 학교입니다.

맨발학교 교훈은 제가 만들었지만
시간표는 이선생님이 짜셨네요.
오로지 나를 사랑하는 흙길 맨발걷기.

내가 성장하면
학교와 사회가 달라집니다.

2017년 여름

맨발로 자연을 그리다

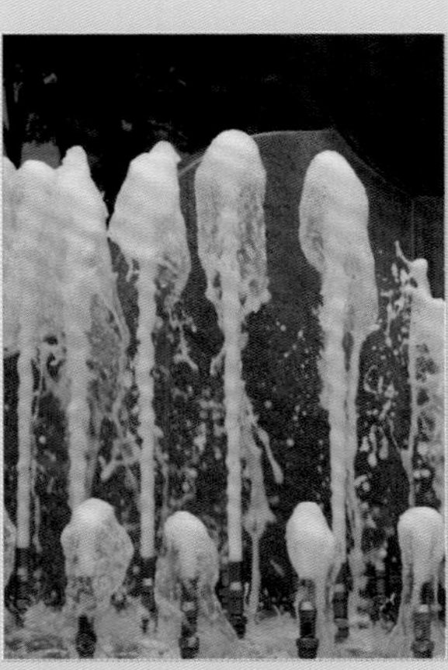

이팝꽃

도화지에
그렸는데
보이지 않아

연둣빛
그리움을
가슴에 담았더니

그대
하얀 미소가
나를 반긴다.

—권택환 시집 『싸리꽃 앞에서』

2017년 7월 1일

맨발걷기가 단순히 건강 찾기가 아님은
꾸준히 해본 사람은 알게 됩니다.
건강, 자존감 회복, 타인 사랑,
홍익의 맨발걷기입니다.

2017년 7월 14일

맨발음악회를 하셨군요.
어디서 이런 감동의 모습을 볼 수 있을까요.
보람을 느낍니다.

2017년 7월 23일

나의 생각들은
안 보고
안 듣고
안 해 보고
스스로 만든 게
많답니다.

2017년 8월 10일

오늘 『맨발학교』 마지막 교정봤습니다.
편한 마음으로 걷고 있습니다.
바람이 시원합니다.
모든 분들께 감사합니다.

2017년 8월 18일

맨발로 교육 1권인
『맨발학교』가
드디어 나왔습니다.
여러분들 덕분입니다.

2017년 8월 18일

우리 모두
처음에는
맨발이었지요.

2017년 9월 1일

박교장 선생님,
100일 넘는 순간부터 고혈압이 좋아지셨다구요.
선택하면 이루어집니다.

2017년 9월 5일

맨발학교 회원 200명 기념으로 물구나무서기 이벤트를 하였습니다.

2017년 9월 6일

우산 쓰고 걷고 있습니다. 머리가 순식간에 시원해집니다. 쉬고 싶은 마음에 지지 않고 맨발걷기를 합니다. 하루의 피곤함을 땅에 내려놓고 걷고 있습니다. 같이 걷는 모든 분들께 기운을 보냅니다.

2017년 10월 1일

이 가을,

앞마당에서

저절로 자라는

참외 6개와

맨발로.

2020년

땅과 하늘이 하나가 되었다

맨발걷기

우산을 쓰고 걸었다.

너의 속삭임이
들릴 만큼의
가을비가 내렸다.

촉촉한 하늘이
땅으로 내려와
맨발 소리가 되고

맨발 소리는
비를 타고
하늘로 올라가
땅과 하늘이 하나가 되었다.

그 사이
너와 나도 하나가 되었다.

—권택환 시집 『싸리꽃 앞에서』

2020년 1월 21일

맨발걷기를 시작하고 얼마 되지 않았던 어느 겨울날, 영하의 기온에 한파가 이어진다는 일기예보를 들으며 밤 맨발걷기를 하러 나갔다. 맨땅에 맨발 내려놓으면 찬 기운이 맨발을 감싼다. 일상의 아무 걱정도 나지 않는다. 오로지 차가워진 발에게 온 몸의 에너지를 보낸다. 내 몸이 내 몸의 한 곳인 발을 도와주려고 따뜻함을 보내고 있다. 오로지 나의 발에 관심을 갖는 순간, 세상의 모든 걱정이 사라지고 머리가 맑아진다. 어느 제자는 겨울 맨발걷기를 하고 나서 머리에서 박하향이 난다고 했다.

오늘 차가워진 겨울 날씨 덕분에 그때의 기억이 생생하다. 코로나 19의 확산 추세가 걱정이다.

2020년 1월 31일

맨발걷기는 자립(自立)의 첫걸음이다.

두 발을 당당히 흙 위에 내리고 내 몸의 소리를 들어보라. 발바닥으로 느껴지는 지구의 심장 소리를 들어보라. 내 몸과 지구가 하나 되는 순간을 느껴보라. 자립(自立)의 순간이다. 내 의지와 내 꿈을, 내 영혼을 담을 곳은 내 몸이다. 몸을 배제한 자립(自立)은 가능하지 않다. 내 몸은 자연 속에서 돌보며 살아가야 한다. 자연의 순리에 내 몸을 맡겨야 한다.

사소한 생활습관도 바꾸지 않으면서 내 몸의 건강을 타인에게 맡기면서 자립을 꿈꾸는 것은 독립하겠다고 선언한 아들이 부모에게 경제적인 지원은 끊지 말아 달라고 요구하는 것과 같다.

전염성이 강한 바이러스를 두려워하는 것은 퇴치할 정확한 치료법을 몰라서이다. 눈에 보이지도 않는 바이러스 앞에서 속수무책 당황하고 있는 우리는 과연 자립한 것인가? 전문가의 의견을 모아

보면 면역력이 답이다. 면역력을 기르기 위해서는 자연 친화적인 생활습관이 필요하다. 맨발로 맨땅을 밟아보자. 오롯이 자신의 한 발자국, 한 발자국을 내딛으며 자립(自立)해 보자.

늦지 않았다. 면역력을 키우자.

2020년 2월 2일

입춘은 立春(입춘)이라고 쓴다. 入春(입춘)이 아니다. 봄은 저절로 다가오는 것이 아니라 두 발로 우뚝 서서 우리를 찾아온다. 입춘(立春)에는 자립(自立)하자. 두 발로 당당히 흙을 밟고 서서 건강한 지구인으로 살아가자.

오늘 맨발 걷기는 봄을 기다리며 천천히 걷는다. 발바닥으로 봄이 오는 소리가 들린다. 봄기운은 하늘에서 내려오고 봄기운은 땅에서도 솟아난다. 하늘 아래, 땅 위에 나는 우뚝 선 봄이 된다.

봄이 오고 있다. 감사한 하루다.

입춘(立春)

봄이
어린아이 키로 서 있다.

겨울 햇살에 업혀 날아온 아기 연두는
해거름녘 어두운 나뭇가지에 살며시 내려앉는다.

죽은 듯한 나뭇가지 끝에
연두가 숨어든다.

겨울 햇살 품은 아기 연두는
겨울빛과 어울려 밤새 춤을 추고
용회이명(用晦而明)으로 봄을 지킨다.

경자년이 시작된다
봄이 두 발로 뚜벅뚜벅 걸어서 온다.

우리도 맨발로 봄 맞으러 가자.

2020년 3월 16일

맨발걷기를 시작하고 나서 여덟 번째 봄을 맞이한다. 맨발걷기를 하면서 계절의 변화를 온몸으로 느낀다. 겨울이 지나고 언 땅이 녹고 땅속에서 무수한 생명이 태어남을 내 발도 함께 느낀다. 땅의 촉감이 다르다. 이 땅에서 뭇 생명들이 태어나는구나.

맨발로 한참을 걷다 보면 명상(瞑想)을 하려고 애쓰지 않아도 마음이 고요해진다. 하루를 돌아본다. 놓친 일은 없었는지, 오늘 꼭 연락해야 할 일을 잊은 건 없는지 말과 행동에 지나침은 없었는지 이런저런 생각을 하며 하루를 정리한다. 그리고 나면 나도 모르게 내일의 계획을 하게 된다.

이렇게 매일 혼자하는 맨발걷기는 내게 선물 같은 시간이다. 맨발로 걸으면서 한 생각들이 시가 되기도 하고 일할 때는 좋은 아이디어가 떠오르기도 한다.

맨발걷기는 오늘을 정리하고 내일을 계획하는 내 몸에 쓰는 나만의 일기이다.

2020년 3월 23일

오늘은 여유가 있어 2시간 넘게 흙길을 걸었다. 충분히 걷고 돌아오니 몸과 마음이 편안하다. 찬물에 발을 씻는다. 그리고 수건으로 정성껏 닦는다. 그럴 때마다 무사히 걸어준 발에게 말을 건넨다. '고맙다. 참 고맙다.'

맨발걷기 관련 인터뷰를 할 때마다 자주 받는 질문 중에 하나가 "교수님 발 괜찮으세요. 보여주실 수 있나요?"이다. 내 발은 참 곱다. 부드럽고 상처도 없다. 8년 째 맨발로 매일 걷고 있지만 내 발은 아무 탈이 없다. 아니 더 건강해졌다. 맨발걷기로 혈액순환이 잘 되어 발바닥까지 부드러워졌다. 매일 예쁘다고 나에게 칭찬받으며 나날이 예뻐진다. 해보지 않고 먼저 걱정할 필요가 없다.

2020년 3월 28일

발이 땅에 닿는다. 어느새 흙을 뚫고 올라온 새싹이 보인다. 땅의 따뜻함이 온몸으로 느껴진다. 세상은 감염병으로 시끄러운데 땅은 평화롭다. 봄이 온 것을 느낀다. 천천히 맨발로 걷는다.

이 난국을 헤쳐 나가려면 모두가 면역력을 길러야 하는 데 자연으로부터 멀어진 생활로는 힘들다. 예방 의학의 중요성이 코로나 19로 더 강조된다. 일이 벌어지고 나서 수습하는 것은 힘들다. 맨발은 자연치유력을 길러주는 쉽고 간단한 방법이다. 그래서 오늘도 나는 맨땅에서 맨발로 자연을 만난다.

2020년 3월 29일

면대면 수업 없이 온라인으로 이어지는 일상이지만 여전히 바쁘다. 화상 회의와 온라인 강의 준비를 하고 몸과 마음이 지칠 때쯤 만나는 맨땅은 감사함이다.

오늘은 어떤 느낌일까? 땅에도 온도가 있다. 차가운 쪽도 있고 따뜻하게 여겨지는 곳도 있다. 맨발걷기를 하다보면 손만큼 발도 민감한 감각기관이라는 생각을 하게 된다. 발바닥으로 느껴지는 봄을 만난다.

2020년 5월 16일

100년 하고도 2년이나 더 이 땅에서 사시던 할머니가 흙으로 돌아가신 지 3일째 되는 날이다. 할머니를 생각하면 호미를 들고 텃밭에 앉아 일을 하시던 모습이 먼저 떠오른다. 늘 그러셨다. 봄, 여름, 가을, 겨울 땅에 앉아 쉼없이 몸을 움직이셨다. 그런 할머니는 늘 건강하셨다.

오월의 따스한 햇살이 할머니 계시는 산자락을 비춘다. 잔디밭 사이로 네잎클로버가 보인다. 클로버의 연둣빛이 예쁘다. 할머니는 흙으로 가시고, 흙은 또 새 생명을 키운다. 이런 자연의 질서가 행운인가 보다. 흙이 가진 힘인가 보다. 사람은 흙에서 와서 흙으로 돌아간다는 늘 듣던 말이 새롭게 다가온다.

할머니를 모시고 돌아온 저녁, 가까운 운동장을 찾아 맨발걷기를 한다. 맨발로 가만히 흙을 밟는다. 천천히 걷는다. 나는 흙이 가진 비밀을 안다. 흙 속에는 무수히 많은 좋은 박테리아가 있어서 흙과 친해지면 건강을 지킬 수 있다. 할머니는 그 사실을 아셨을까? 그래서 건강하게 사셨을까? 할머니가 그리도 아끼시던 장손이 맨발로 흙을 밟으며 할머니를 그리워하고 있음을 자연으로 돌아가신 할머니는 아시겠지. 할머니의 사랑이 느껴져 발바닥이 더 따뜻해진다.

2020년 5월 19일

몸은 내가 아니고 내 것이다. 스마트폰을 새로 구입하고 사용방법을 익히고 나서도 혹시나 떨어뜨려 깨어지지 않을까 소중하게 생각하고 조심히 다룬다.

그런데 내 몸에 대해 우리는 어떻게 관리하고 있는가? 자동차가 오래도록 무사히 잘 달릴 수 있게 하는 노력만큼 내 몸에게 하고 있는가? 내 몸의 사용방법을 잘 알고 생활하고 있는가?

자동차도 오래 사용하려면 차량 관리를 잘해야 한다. 그렇지 않으면 아무리 좋은 휘발유를 넣어도 배기가스가 나온다. 우리 몸도 마찬가지이다. 제대로 관리하지 않고 과식, 과음, 흡연, 스트레스가 쌓이면 활성산소가 생긴다.

땅 속의 자연전자를 받아서 활성산소를 줄이는 것이 내 몸의 좋은 관리 방법이다. 신발을 신고는 자연의 전자를 받아들일 수가 없다. 신발을 벗고 맨발로 맨땅을 걸으면 땅 속 자연전자가 내 몸으로 들어온다. 조상들은 이런 땅속의 자연전자를 지기(地氣)라고 했다. 두 발로 건강하게 땅을 밟고 걸을 수 있음에 감사하다.

2020년 6월 17일

마당이 있는 집에 살 수 있는 것은 참으로 감사한 일이다. 바쁜 일을 잠시 내려놓고 언제든지 자연을 만날 수 있다. 맨발걷기를 하면서 달이 차오르고 기우는 것을 많이 보았다. 우주 속에 있는 느낌이다. 아니 내가 또 하나의 우주이다. 오늘 밤 달은 더 곱다. 우주와 만날 수 있는 한밤중 맨발걷기이다.

2020년 7월 16일

낮부터 천둥 번개가 친다. 하늘에서 생긴 자연전자가 땅 속으로 내려온다. 맨발걷기를 하다 보면 천둥 번개도 감사하다. 서둘러 맨발걷기를 나간다. 땅 속에 내려온 음이온을 받으러 맨발로 땅을 만난다. 천천히 물에 젖은 흙길을 걷는다.

2020년 7월 23일

저녁 맨발걷기를 하면서 내일 일정을 확인해본다. 강의도 있고 집안 행사도 있고 저녁 모임도 있다. 술을 마셔야 할 것 같다. 이럴 때면 나는 간에게 부탁을 한다. 간에게 손을 얹고 내일 있을 술자리를 이야기하고 미리 준비해서 뒷일을 잘 마무리해 달라고 한다. 내 몸 속의 장기들은 내 부탁을 들어 준다. 그리고 나면 훨씬 숙취가 덜하다.

맨발걷기를 하며 나는 내 몸과 더 많이 친해졌으며 나의 노력만큼 내 몸도 나에게 우호적이다. 강의를 할 수 있는 목소리와 맨발걷기를 가능하게 하는 두 발과 내가 먹은 음식물을 소화하고 흡수하는 나의 장기들, 내 몸에게 감사한 밤이다.

2020년 8월 28일

우리나라는 지금 성격 조절 장애, 불안 장애, 조현병 학생이 갈수록 증가하고 있다. 나의 맨발걷기 교육문화 운동도 이런 고민에서 시작되었다.

장애학생이나 그 경계선에 있는 학생의 교육에 근본적으로 도움이 되는 교육방법이 없을까? 답은 자연이다. 자연과 멀어져서 인간은 건강하지도 평화롭지도 않다는 생각을 하게 된다.

움직임, 흙, 면역력, 창의력, 자립심. 2학기 수업을 영상으로 촬영하면서 내내 내 머리를 떠나지 않는 낱말들이다.

2020년 8월 30일

주의력결핍과잉행동장애(ADHD) 진단을 받은 유·초·청소년의 숫자가 하루가 다르게 늘어나 걱정이다. 그런데 요즘 뉴스를 보면 지구도 ADHD에 걸린 듯하다. 폭염, 긴 장마, 홍수, 태풍, 지진 등으로 지구도 몸살을 앓고 있다. 다시 자연으로 돌아가야 한다. 자연이 따로 있고 우리가 자연을 보호해야 하는 것이 아니다.

우리가 곧 자연이다. 지구가 앓고 있는 주의력결핍과잉행동장애는 바로 우리의 병이다. 놀이연구가 편해문이 그랬다. 주의력결핍과잉행동장애 어린이는 주의력이 결핍된 것이 아니고 놀이의 결핍이라고 말이다. 자연스럽게 자연 속에서 충분히 뛰어놀게 하면 많은 병들에서 어린이를 구출할 수 있다.

지구에게도 휴식을 주자. 천천히 걸어보자. 오늘 맨발걷기를 하며 내 발바닥에 닿은 지구에게 말한다. '쓰담쓰담' 우리 다 같이 잘 지내보자. 지구야, 부탁한다.

2020년 10월 9일

긴 겨울을 이겨내고 새싹이 움트는 봄날의 맨발걷기도 좋지만 요즘처럼 선선한 바람이 부는 가을 저녁 시간, 맨발걷기로 나만의 시간을 갖는 것은 참 좋다. 자연의 변화에 맞추어 여름의 무성한 나뭇잎을 떨구는 학교 운동장의 나무들이 오늘따라 예사로 보이지 않는다.

맨발로 천천히 걷는다. 수고한 하루의 피로를 땅에 내려놓는다. 저 나무처럼 하늘을 우러러보며 땅에 발을 디딘다. 피로가 사라진다. 최고의 힐링이다.

요즘 자주 듣게 되는 말 중의 하나가 힐링이다. 몸과 마음의 치유와 회복의 뜻을 담은 힐링은 일상생활에서도 자주 쓰인다. 그래서

힐링할 수 있는 곳을 어렵게 찾아가거나 힐링을 위해 무언가를 구하려고 한다.

하지만 맨발걷기는 가지런히 신발을 벗고 천천히 걷기만 하면 된다. 한 시간쯤 걸으면 한결 가벼워진 몸과 마음으로 집으로 돌아가게 된다. 맨발걷기는 스스로 하는 치유다. 조용히 혼자 걷다 보면 마음도 평온해지고 몸도 가벼워진다.

코로나 19로 병원 방문이 어려워지자 많은 사람들이 자신의 건강을 스스로 지키기 위해 더 노력했고 손씻기 등 개인 위생을 철저히 하면서 감기 등의 병이 줄어들었다는 뉴스를 보았다. 이제 내 건강은 내가 지켜야한다. 물만 셀프로 마시지 말고 힐링도 셀프로 하자. 맨발걷기는 최고의 셀프힐링이다.

2020년 10월 10일

오랜만에 낮 시간에 맨발걷기를 한다. 솔숲을 걷는다. 소나무 가지 사이로 가을 햇살이 반짝인다. 파란 하늘이 눈부시다. 바람이 시원하다. 생각이 깊어진다. 하늘에 머리를 두고 땅 위에 발을 내딛는다. 깊은 숨을 쉬어본다. 생각이 깊어진다.

인간(人間)은 천(天)과 지(地) 사이(間)에 있는 존재이다. 맨발로 걷다 보면 하늘과 만나 호흡을 하고, 땅을 만나 자연전자를 받아들인다. 하늘과 땅 사이에 서 있는 사람, 나는 비로소 온전한 인간이 된다.

맨발걷기는 수행이다. 하늘을 느끼며 땅에서 산다. 그리고 나는 천지인의 인간이 된다. 하늘 아래 나, 땅 위의 나, 하늘과 땅 사이에서 천천히 걸으며 나는 비로소 천지를 아는 인간이 된다. 어른들이 자주하던 말씀, '천지도 모르고 살아가는 사람'이 아닌 '천지를 알고 사는 사람'이 된다. 오늘 맨발걷기는 유난히 감사한 마음이다. 파란 하늘이 눈부시게 아름답다.

맨발로 봄이 오는 소리를 들어보자

"다른 것은 섞이지 아니하고 온통".

'맨'을 국어사전에 찾아보면 이렇게 쓰여 있다.

악수를 할 때는 장갑을 벗고 맨손으로 한다. 오랜 친구와 격의 없이 대화를 하고 싶을 때는 맨가슴으로 만나야 한다. 맨주먹으로 출발하여 자수성가한 사람들을 우리는 성공했다고 한다. 양념을 전혀 쓰지 않고 간도 하지 않는 맨밥은 매일 먹어도 싫증나지 않는 맛을 준다. 맨밥을 입에 넣고 꼭꼭 씹어보면 참 달다.

맨밥의 힘이다. '맨'은 힘이 있다. 맨발도 그렇다. 군대에 간 막내 아들이 첫 휴가 나온 날, 맨발로 뛰어나가 맞이하는 어머니의 마음처럼 '맨'은 간절하고 순수한 힘이 느껴진다.

현대인들은 컴퓨터, 스마트폰, 게임, 인공지능, 텔레비전과 친하다. 이러한 현상은 점점 심화되고 있다. 그러면서 우리는 더 바빠졌고 힘들어졌다. 기계문명과 스마트기기의 진화로 우리는 자연과 멀어져 가고 있다. 자연과 이런 속도로 멀어져도 우리는 잘 살 수 있을까? 진지하게 고민해 보아야할 시점이다.

미래사회는 내 삶의 주인이 되어 자연과 세상과 관계 맺으며 생태론적 삶을 살아야한다. 인공지능시대는 오히려 생태리터러시(ecoliteracy)가 컴퓨터 문해력 못지않게 중요한 세상이다.

생태적 감수성을 기르려면 자연과 만나야 한다. 하늘에는 공기(空氣)가 있고, 땅에는 지기(地氣)가 있다. 인간에게는 인기(人氣)가 있다.

공기와 하나 되어 하늘의 에너지인 천기(天氣)를 받고 싶으면 마스크를 벗고 호흡해야 한다. 내가 인기(人氣)있는 사람이 되고 싶으면 다른 사람을 만날 때 가슴을 열고 진솔하게 만나야 한다. 지구와 하나가 되고 싶다면 맨발로 만나면 된다.

진리는 단순하다. 복잡하지 않다. 지금 우리는 단순한 진리를 복잡하게 설명해야 되는 시대에 살고 있다. 인간이 맨발로 땅 위를 걸으며 살아야 하는 것은 단순한 진리다. 인류는 29만 9950년이란 긴 세월 동안 땅 위에서 흙과 하나되어 살아왔다. 고층아파트와 자동차로 흙에서 멀어진 것은 고작해야 50여 년에 불과하다. 그럼에도 지금 우리는 '맨발로 흙길을 걷자'는 것을 설명하고 이해시켜야 하는 시대에 살고 있다. 흙은 햇빛과 공기처럼 원래부터 같이 있었다. 없으면 우리가 생존할 수 없다. 진리다.

가끔은 흙과 하나 되어 걸어보자. 맨발로 자연을 찾아가자. 맨발로 천천히 자연을 만나자. "다른 것은 섞이지 아니하고 온통"이란 뜻의 '맨'으로 지구와 친구가 되어보자.

흙을 가만히 보자. 흙에 뿌리를 둔 생명은 봄이 오면 죽은 듯 보이는 가지에서 새 잎이 나고 작은 씨앗 하나를 흙 속에 묻어두면 신기하게 싹이 나고 꽃이 피고 열매를 맺지 않는가?

우리도 맨발로 걸어보자. 새싹이 나고 자라는 것처럼 흙을 만난 우리의 몸과 마음이 어떻게 변화는지 느껴보자. 예전에는 지기(地氣)를 받는다고 말을 했지만 지금은 지구자기장과 공명한다고 말한다. 지기(地氣)를 받는 것, 지구 자기장과 공명하면 우리는 인기(人氣)있는 사람이 된다.

내가 먼저 다가가 발을 내밀어보자. 흙은, 자연은, 지구는, 우주는 나의 맨발을 환영해줄 것이다.

(2019. 3. 15)

자연 속에서 움직여라

움직임은 동물인 인간에게 권리이자 의무이다. 동물은 움직임이 있지만 식물은 움직임이 없다. 동물은 뇌가 있지만 식물은 없다. 움직임은 뇌와 관련이 있다. 움직여야 뇌가 발달한다. 멍게가 유충으로 돌아다닐 때는 뇌가 있다. 붙어서 살기 시작하면서 뇌가 사라진다. 그래서 멍게는 뇌가 없다.

움직임이 없어진 멍게는 뇌가 사라졌다는데 여러 가지 이유로 움직임이 줄어든 현대인에게는 어떤 일이 일어나고 있는가?

몸이 움직이면 마음이 쉰다. 기분이 우울할 때 숲속을 산책해 본 사람이면 모두 동의할 것이다. 몸을 움직였더니 마음이 한결 편안해지는 것을 경험했을 것이다. 몸의 움직임은 단지 육체적인 건강뿐만 아니라 마음의 건강과도 연결되어 있다. 몸을 움직여라. 그러면 마음이 평화로워진다. 몸을 움직이지 않으면 마음이 바쁘다. 마음이 바빠서 현대인은 많은 마음의 병을 앓고 있다.

머리를 쓰지 않으면 몸이 고생한다. 아니다. 몸을 쓰지 않으면 머리가 고생한다. 미국 IT 업계의 엘리트 부모를 둔 아이들은 인터넷 대신 몸을 쓰는 활동으로 많은 시간을 보내게 한다는 사실은 널리 알려져 있다. 조선시대도 아닌데 요리도 직접하고 뜨개질도 한다니 이상하지 않나? 교육의 핵심은 몸의 능동성을 찾아주는 일임을 그들은 이미 알고 있고 실천하고 있는 것이다.

그렇다면 우리의 현실은 어떠한가? 우리나라 고등학생 체육활동의 양은 OECD 국가 중 꼴찌이다. 학교 체육 활동만 부족한 것이 아니다. "엄마가 다 해 줄 테니 너는 공부만 하면 된다."라며 작은 집안일을 비롯한 몸 쓰는 모든 일에 소외시킨다. 그들이 해야 할 공부는 과연 무엇인가? 몸의 움직임으로부터 소외당한 아이들이 몸과 마음의 주인이 되어 당당하게 살아갈 수 있을까? 그들의 삶이 행복할까?

지금의 아이들은 '움직임'과만 멀어져 있는 것이 아니다. 자연에서도 멀어지고 있다. 마당 없는 집에서 네모난 학교로, 학교에서 다시 학원으로 이동하며 하루 종일 실내에서 생활한다. 최근 유아를 둔 부모에게 인기 있는 실내놀이터, '키즈 카페'가 성황을 이루는 걸 보면 걱정이 앞선다. 놀이도 실내 공간에서 이루어진다. 책을 통해 지식을 배우고 자연에서 지혜를 배울 수 있는데 이렇게 자연과 멀어진 우리 아이들은 몸과 마음이 건강하게 자랄 수 있을까?

유치원 원장님을 만났다. 아침에 아이들을 맡길 때 부모로부터 부탁받는 약봉지가 갈수록 늘어난단다. 초등학교에는 주의력결핍과잉행동장애(ADHD)로 약 먹는 아이가 많아지고 중고등학교에는 우울증으로 힘들어 하는 학생이 해마다 늘어나고 있다. 자연친화적인 움직임이 줄어들어 생긴 현상은 아닐까?

우리가 부러워하는 북유럽의 부모들은 아이들의 바깥활동을 위해 많은 노력을 하고 있다. 그리고 그들은 행복하고 건강하다고 널리 알려져 있다. 그리고 우리는 그들의 교육 방법을 부러워한다. 그러면서 우리는 아이들을 집이나 건물, 자동차와 두꺼운 옷에 가두어두고 있다. 자연과 멀어져서 자란 학생들이 지혜를 가진 어른으로 자라기는 어렵다.

건축가 유현준은 그의 저서 『어디서 살 것인가』에서 우리나라 학생들의 삶의 공간에는 자연이 없음을 몹시 안타까워하며, 하늘을 볼 공간이 거의 없는 실내 공간 중심의 학교 건물의 구조 변화가 절실히 필요하다고 주장한다. 나 역시 학교가 자연친화적인 공간으로 거듭나기를 꿈꾼다. 삶에서 가장 중요한 시기인 12년을 학교에서 보내는 것을 생각해보면 시급한 일이다. 하지만 그것은 하루아침에 이루어지는 일이 아니다. 그렇다면 자연과 멀어진 우리 아이들의 자연친화적인 움직임 교육은 어떻게 해야 하나? 손 놓고 친환경적인 학교 구조의 변화를 기다리고 있을 것인가. 지금 당장 학생들의 삶에 자연과 움직임을 찾아줘야 한다. 방법을 찾아야한다. 부모나 교사는 다음 세대가 평생 사용할 몸과 마음의 건강을 가꾸어줘야 할 의무가 있다.

맨발걷기교육을 3년 째 실천하고 있는 어느 초등학교 선생님은 3

학년 학생과 우산을 쓰고 비 내리는 운동장을 함께 걸으면서 깜짝 놀랐단다. 태어나고 처음으로 우산을 쓰고 땅을 걸어보는 것이라는 이야기를 했단다. 실내에서 지하주차장을 지나 자동차로 이동한 것이 그 아이 경험의 전부였던 것이다. 전등으로 밝혀진 실내 공간에서만 생활하면서 한번도 해 뜨는 것을 온전히 경험하지 못한 3학년에게 해가 뜨는 곳이 동쪽이라고, 찾아보라고 했더니 많은 학생들이 몰랐다는 이야기는 웃어넘길 수만은 없는 이야기이다.

우리는 자연의 일부다. 우리 몸은 자연이다. 봄, 여름, 가을, 겨울의 변화 속에서, 해가 뜨고 해가 지는 자연의 질서를 온 몸으로 느끼지 않고는 건강하게 살아갈 수가 없다.

맨발로 천천히 흙 위를 걸어보라.

땅에 뿌리 내리고 사는 모든 생명체가 보인다. 개미 한 마리의 움직임에 눈이 가고 풀벌레 소리를 들을 수 있으며 작은 꽃잎의 아름다운 빛깔을 보게 된다. 하늘빛의 오묘함도 별빛도 볼 수 있다. 땅에 뿌리를 내리고 사는 아이들이 우리의 미래다.

몸을 움직이면 마음이 고요해진다. 몸을 쓰면 집중력도 길러지고 마음의 평화도 얻는다. 움직여라. 그러면 몸이 건강해지고 마음이 평화로워진다. 지금 당장 시작해야할 최고의 공부다. 이왕 움직일 것이면 자연친화적인 움직임을 선택하라.

(2019. 8. 13)

맨발학교, 역사가 되다

최순나 • 『맨발로 걸었더니』 엮은이

2016년 가을, 나는 맨발걷기를 만났다. 그리고 삶이 바뀌었다. 맨발걷기를 시작하고 얼마 지나지 않아 맨발학교 교장선생님이신 권택환 교수님의 제의로 맨발학교의 역사를 기록하게 되었다. 사이버 맨발학교는 맨발걷기를 실천하는 회원들이 인증사진과 간단한 소감을 단체톡방에 올리는 것으로 운영되고 있었다. 이른 아침부터 밤늦은 시간까지 각자 머무는 곳에서 맨발걷기를 실천하고 올려준 사진들과 사연을 읽어보고 감동적인 글과 사진을 골라서 매일 기록하기 시작했다. 차차 회원이 많아지면서 하루에 올라오는 사진과 사연의 양이 많아졌다.

봄이 오면 맨발카톡방은 봄꽃으로 가득했고, 여름이면 바닷가의 맨발 걷기 사진들로 시원해졌다. 가을이면 맨발방은 온통 가을로 가득 찼다. 겨울이면 눈 위에서의 맨발걷기 사진을 보며 서로를 격려하고 감탄하였다. '생활이 달라졌어요.' '고혈압 약을 끊었어요.'

'불면증이 사라졌어요.' '안 보이던 풀꽃이 보여요.' 맨발걷기를 만나 삶이 변화하고 있다는 회원들의 글을 매일 읽으며 덩달아 기뻐할 수 있었다.

2016년 가을 시작된 맨발학교 1년의 기록은 2017년 가을까지 계속되었다. 덕분에 나는 맨발학교에서 가장 우수한 학생이 되었다. 기록을 위해 회원들의 사진과 사연을 반복해서 읽었더니 그들

의 기쁨에 공명되어 더 열심히 맨발걷기를 실천할 수 있었다. '비바람이 불어서 오늘은 쉴까 하다가 걸으러 나왔어요.' 하는 글을 보면 나도 모르게 걷고 싶은 마음이 들었고 용기가 생겼다. 우리 모두는 서로에게 사진과 사연으로 감동을 주었으며 그 힘으로 꾸준히 맨발걷기를 실천할 수 있었다. 나는 맨발학교 역사를 기록하며 그 감동의 중심에 머무르는

행운을 얻었다. 참으로 고마운 일이었다.

매일 A4 한 장 분량의 역사를 기록하였고, 정기모임이 있거나 행사가 있는 날은 기록의 양이 늘어났다. 꾸준함의 힘은 컸다. 1년의 기록은 『맨발로 걸었더니』라는 근사한 한 권의 책이 되었다.

그 당시는 맨발학교 초기여서 회원이 많지 않아 서로의 소감을 충분히 나눌 수 있어서 좋았다. 맨발학교에 올라오는 글들 중에는 질문도 많았다. 먼저 맨발걷기를 실천하고 있는 누군가의 조언과 격려가 절실히 필요했다. 그 때마다 권택환 교수님은 먼저 살아보고 지혜를 나눠주는 선생(先生)님이셨다. 오랜 맨발걷기 경험으로 회원들의 궁금함을 해결해주기도 하고 새롭게 시작한 회원들에게 격려와 힘이 되는 말씀도 많이 해 주셨다. 맨발걷기의 좋은 점, 겨울철 맨발걷기의 옷차림, 흙의 비밀, 맨발걷기 초보자에게 꼭 필요한 정보 등을 꼼꼼히 알려 주셨다. 우리 몸이 가진 자연치유력을 믿고 맨발걷기를 함께 해 보자며 손을 내밀어 주셨다. 『맨발로 걸었더니』 기록 중에서 권택환 교수님의 소중한 글들을 모아 『맨발일기』를 발간하게 되어 기쁘다.

2016년 12월 22일 맨발학교 일기

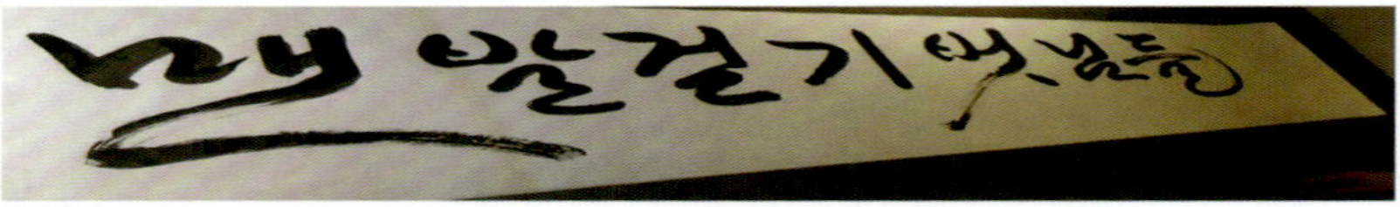

[권택환]
진리는 단순하고
실력은 꾸준함에서 나옵니다.
작고
단순한 것도
꾸준히 하는 사람이
행복을 잡습니다.
자신을
한없이 사랑하시는
회원님들
2017년 봄은
봄이 아닌
봄으로 다가올 겁니다.

[최순나]
봄이 아닌 봄 기대됩니다

-김말향 변태석 부부-

[권택환]
자신이 큰 산인데
스스로 안개를 쳐서
그 가치를 모르는 법이죠.
우리 모두
앞산이요.
큰 산이요.
히말라야 입니다.

[김진순] 오늘 아침 일기를 보다 보니 어제 안개가 자욱해서 앞산이 안보여 실종된 앞산 찾는다는 일기, 넘 재미있고 기특해서 올려 보아요 초등2학년입니다.

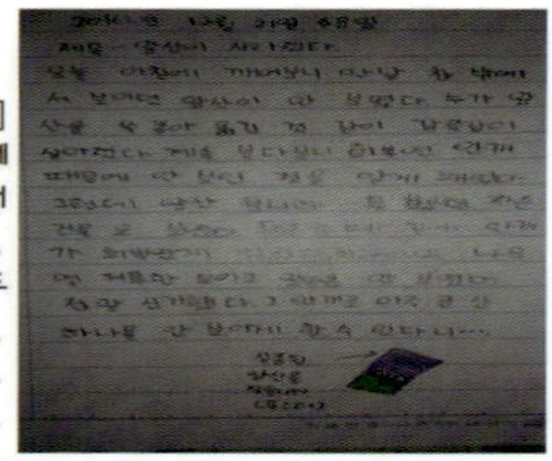

[최순나] 해마다 이런 지도를 했었는데 올해는 고수님 덕분에 더 의미 있게 하게 되었어요. 감사드립니다.

[권택환] 겨울눈에 자연의 이치가 들어 있습니다. 잘 관찰하면 식물들이 다 그러합니다.

[김송자] 우리 반 학생들 닭띠 해 캐릭터 그리기 했어요. 힘을 내요. 벗님들

[최순나] 겨울바람이 이렇게 상쾌한 날은 평생 처음인 듯 합니다. 마른 잎들이 바람에 바스락거리는 소리에 행복해집니다. 두 시간 완료했습니다.

[김덕춘] 순나샘도 저와 비슷한 느낌을 올리셨군요. 저도 그래요. 겨울 바람이 이렇게 마음을 설레게 한 적도 없었는 듯, 희망이라는 단어가 떠오르는 날입니다 .

[최순나] 시간되는 아이들과 맨발놀이를 나갔습니다. 너무 예쁩니다. 발도 이쁘고 표정도 예쁘고 하늘도 예쁘고 마음도 예쁩니다. 이 아이들은 먼 훗날에도 열 살의 겨울을 아름답게 기억하겠지요. 연주, 장수, 지우, 동훈, 규영이 모두 모두 예쁩니다. 하늘이 외국 같은. 사진 자랑합니다.

2017년 7월 15일 맨발학교 일기 ii

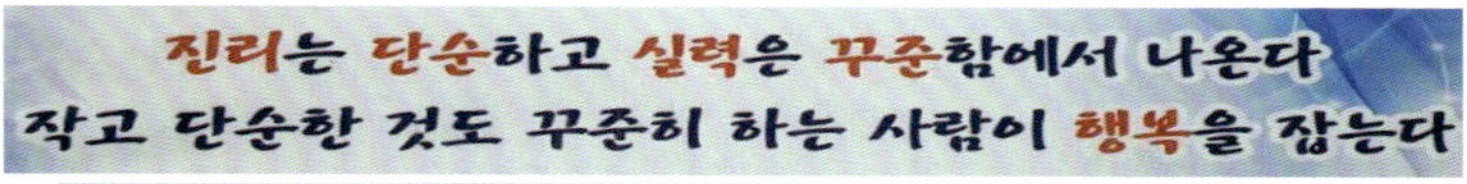

[김혜경] [오후 8:37] 와우~ 봉무단지와 서촌초에 맨발의 고수님들이 납시었네요. 덕춘님의 환한 표정 정말 예쁘셔요.
흑발, 각양각색 발자욱, 꽃발, 벗님들의 포즈가 명품입니다.^^
함께하지 못해 아쉽지만 사진으로도 행복합니다.

[권택환] [오후 9:22]

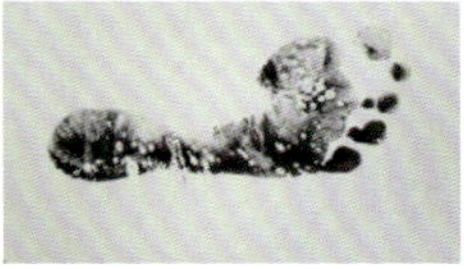

[김은정] [오후 10:00]
맨발 하나로 이렇게 재미있고
행복하게 놀 수 있음이
얼마나 감사한지요!!
우리 맨발학교의 교훈이
생각납니다!

[박진형] [오후 9:55]
맨발은 저절로 겸손해져요. 자연앞에서는요.
오늘 서촌초등 플라타너스 아래 맨발퍼포먼스 행복했습니다.
자주 맨발로 맨 마음으로 봅시다.

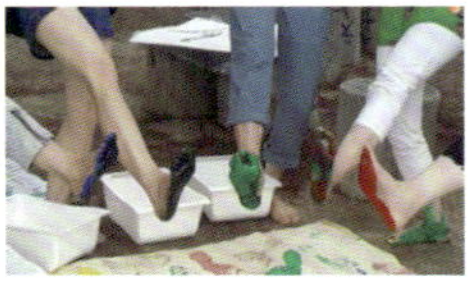

[최순나] [오후 10:04] 박진형사장님과의 인연에 감사드립니다. 시로, 맨발로 놀 수 있는 어른아이들의 유쾌한 놀이였습니다. 덕분입니다.

2017년 가을, 『맨발로 걸었더니』를 엮으며 남겼던 글 한 편을 『맨발일기』 출판 축하의 마음을 담아 소개한다.

생각보다
맨발로 맨땅을 걷는다는 것은
내 삶에 많은 변화를 가져다 주었습니다.

늦가을에 시작한 맨발걷기는 생각보다 춥지 않았습니다.
추운 겨울날 맨발걷기를 하며 생각하였습니다.
여름에는 더워서 하기 곤란할거야.
단산지 둘레 길은 벌레가 많을 거야.
숲이 우거져 여름에 뒷산 맨발걷기는 힘들겠지.

여름이 되었습니다.
생각보다 벌레가 많지 않았고, 숲이 우거져도
숲길은 여전히 맨발로 걸을 수 있는 괜찮은 흙길이었습니다.
생각보다 덥지 않았습니다.

실천하는 자가 자주 하는 말은 '생각보다 괜찮다'입니다.
하지 않는 자가 자주 하는 말은
'내 생각에는 더워서, 내 생각에는 추워서, 내 생각에는 찔릴까 봐'입니다.

맨발걷기를 하면서 '내 생각'이 얼마나 하찮은 것인지
얼마나 잘못된 것인지 알았습니다.
머리로 알고 있던 것과는 너무 다른 세상을 자주 만났습니다.

자주 동네 뒷산 길을 걸었습니다.
솔잎이 쌓여있고 지난 가을 떨어진 밤송이도 여기저기 보입니다.
그러나 생·각·보·다 자연은 날카롭지 않았습니다.
생각보다 자연은 자연스럽게 누워 있었고
굳이 벌떡 일어나서 내 발바닥을 찌르지 않았습니다.

영하의 날씨에도 땅은 생·각·보·다 따뜻했으며
매일 100분씩 걸어도 생·각·보·다 지루하지 않았습니다.
생·각·보·다 어렵지 않았습니다.
생·각·보·다 행복했습니다.

365일 맨발로 걷는다는 건 힘들 것이라고 다들 말합니다.
생·각·보·다 힘들지 않았습니다.
맨발걷기는 바쁜 삶을 잠시 멈추고 쉬어갈 수 있게 해 준 선물이었습니다.

생·각·보·다 더 행복했고
생·각·보·다 덜 힘들었습니다.

낯선 이의 도전을 응원하는 마음을 느낄 수 있어 좋았습니다.
대단하다고 해 주시는 응원은 늘 힘이 되었습니다.
스스로 소중한 사람이라는 생각을 하게 된 순간들이었습니다.
덕분입니다. 감사합니다. 행복합니다.

맨발학교에서 맨발걷기와 맨발일기 쓰기로 보낸 지난 1년
삶은 생·각·보·다 살만한 것이고,
생·각·보·다 세상은 따뜻하고,
생·각·보·다 나는 훨씬 더 괜찮은 사람이라는 것을
알게 되었습니다.

맨발걷기의 첫 기억은 첫사랑처럼 설레었고,
맨발걷기가 계속 되면서 우주를 만났습니다.
어제는 달님과 오늘은 구름과 바람과 친구가 되었고.
내일은 별빛을 기다립니다.

『맨발로 걸었더니』는 그 설렘의 기록입니다.

1년의 긴 이야기를 담았습니다. 그래서 소중합니다. 그래서 좋습니다. 이 이야기들과 함께 한 지난 1년 동안 맨발걷기는 삶의 마지막 순간까지 함께 할 친구가 되어 주었습니다.

고맙습니다. 덕분입니다. 감사합니다.

진짜 소중한 것은 공짜다

"걷기만 했는데 왜 자신감이 생길까요?", "맨발로 걷기만 했는데 고혈압, 당뇨병이 좋아져서 의사 선생님도 깜짝 놀랐어요.", "맨발걷기를 꾸준히 했더니 우리 반 아이들의 집중력이 좋아지고 싸움이 줄었어요.", "맨발걷기를 꾸준히 했더니 체중이 줄었어요.", "안구건조증, 불면증, 탈모가 좋아졌다"라고 한다.

학생들과 함께 맨발걷기를 한 선생님들은 학생들이 건강해지고 평온해지는 모습에 놀란다고 했다. 학교에서도 마을에서도 맨발걷기 운동이 확산되고 있는 기쁜 소식이 들려온다. 대한민국 맨발학교는 이제 회원수가 몇 만명이 되었다. 맨발걷기를 실천하는 학교도 많아졌다. 60여 개의 지역맨발학교가 생겼다.

진짜 소중한 것은 공짜다. 공기도 공짜고, 햇빛도, 별빛도 공짜다. 우주는 우리에게 자연치유력이라는 힘을 공짜로 주었다. 맨발걷기도 공짜다. 공짜여서 우습게 보고 믿지 않는다. 맨발걷기를 통해 자연을 만나면 내 안에 이미 주어진 자연의 힘을 찾게 된다.

맨발학교가 이런 역할을 잘 해나가기를 기대하고 있다.

맨발로 교육 3

맨발일기

초판 인쇄 2020년 12월 1일
초판 발행 2020년 12월 10일

지은이 / 권 택 환
펴낸이 / 박 진 환

펴낸 곳 / 만인사
출판등록 / 1996년 4월 20일 제03-01-306호
주소 / 41960 대구광역시 중구 명륜로 116
전화 / (053)422-0550
팩스 / (053)426-9543
전자우편 / maninsa@hanmail.net
홈페이지 / www.maninsa.co.kr

ISBN 978-89-6349-152-3 03810

값 13,000원

* 이 도서의 국립중앙도서관 출판예정도서목록(CIP)은 서지정보유통지원시스템 홈페이지(http://seoji.nl.go.kr)와 국가자료종합목록 구축시스템(http://kolis-net.nl.go.kr)에서 이용하실 수 있습니다(CIP제어번호 : CIP2020048840).